Uwe Schieferdecker

DRESDEN

aus der Luft
wie es einmal war

Wartberg Verlag

Fotonachweis:
Sächsische Landesbibliothek, Abteilung Deutsche Fotothek.
Fotografen: W. Hahn, Seiten 4/5; 6/7; 8; 9; 10/11; 14; 15/16; 23; 24/25; 26/27; 28/29; 30; 31; 34 o.; 35; 36/37; 38/39; 40/41; 42; 43; 44/45; 48; 49; 56; 58; 59; 60; 61; 62.
Möbius, Seite 51/52.
Bei den restlichen Fotos ist der Fotograf unbekannt.

1. Auflage 1999

Druck: Grindeldruck, Hamburg
Buchbinderische Verarbeitung: Hollmann, Darmstadt

34281 Gudensberg-Gleichen, Im Wiesental 1, Tel. 05603/93050
ISBN 3-86134-529-3

„Geschichte, Kunst und Natur schwebten über Stadt und Tal, vom Meißner Dom bis zum Großsedlitzer Schloßpark, wie ein von seiner eigenen Harmonie bezauberter Akkord..."

Mit wohlgesetzten Worten brachte der Schriftsteller Erich Kästner die Gefühle für seine Geburtsstadt Dresden zum Ausdruck. Jahrgang 1899, liebte und lebte er in dieser Stadt, die doch eine andere war, als wir sie kennen. Da war die über mehr als sieben Jahrhunderte gewachsene Altstadt. Ihre engen Gassen mit den Bürgerhäusern und Palais verströmten die Melancholie erlebter Jahrhunderte. Die kleinen Parzellen waren im Mittelalter entstanden, zu einer Zeit, als die Bürger noch Ackerbürger waren und den Mist in den Straßen stapelten. Keine Fassade glich der anderen, unterschieden diese sich doch nicht allein im Stil, sondern auch nach der Epoche ihrer Entstehung. Ja, nicht einmal die Grundstücke selbst waren einheitlich und zu gleicher Zeit bebaut. Was dem kleinen Kästner wohl verborgen war: Hinter den glanzvollen Schauseiten verbargen sich Hofgebäude, die älter oder jünger, eingeschossig oder höher waren, lagen auch Gärten und bildeten das verwirrende Puzzle einer alten Stadt.

Hier und da erhoben sich Bauwerke aus dem dicht gefügten Häusermeer. Meist waren es Kirchenbauten - beherrschend die Frauenkirche, feingliedrig die Hofkirche und die Sophienkirche. Vom Altmarkt grüßte die Kreuzkirche, über der Neustadt thronte die Dreikönigskirche. Schließlich war da noch das Schloß des Königs. Der Landesvater sorgte noch zu Beginn des zwanzigsten Jahrhunderts dafür, daß der trutzige Turm des Rathaus-Neubaus den Hausmannsturm des Residenzschlosses nicht überragte.

Ausgewählten Menschen war es vorbehalten, die Stadt aus der Höhe zu betrachten. Der junge Johann Wolfgang von Goethe stieg bei einem Dresden-Besuch auf die Frauenkirche. An den Anblick der von den Preußen zerstörten Stadt erinnerte er sich noch im Alter. Carl von Voß schrieb 1822: „Von dem obersten Punkte der Kuppel sahen wir über ein steinernes Geländer auf die unter uns ausgebreitete Stadt und das Gewühl der Menschen hinab, die wie Ameisen durcheinanderliefen und auch nicht viel größer erschienen".

Dabei bot die Stadt dank ihrer wunderschönen Lage im Elbtal schon immer die Möglichkeit, zumindest aus der Entfernung über Dächer und Türme zu schauen. Noch in den neunzehnhundertsiebziger Jahren führte die Stadtrundfahrt Besucher auf die Kohlenstraße im Süden Dresdens. Von da aus erschien das Zentrum zum Greifen nahe. Berühmt war schon zur Jahrhundertwende der Ausblick vom Luisenhof, den die Dresdner folgerichtig „Balkon Dresdens" nannten. Eine gänzlich andere Sicht hatte der Besucher von den Weinbergen der Lößnitz. Unter dem Spitzhaus breitete sich das weite Elbtal aus, in der Entfernung grüßten die Türme der alten Stadt.

Schon immer war es der Wunsch des Menschen, ihre Stadt, ihr Land aus der Vogelperspektive zu betrachten. War es der Reiz Dresdens, der sie gerade hier so früh in die Lüfte trieb? Keine zwei Jahre nach den Brüdern Montgolfier startete der Inspektor Köhler vom Mathematisch-Physikalischen Salon am Borsberg unbemannte Ballons. Als der Fabrikant Reichard 1810 Ballonfahrten unternahm, standen in der Gondel Menschen, die mit großen Augen auf Dresden herabsahen. Sie starteten mitten in der Stadt - am Zwingergarten ! Heißbegehrt waren jene Zeichnungen, die aus der Ballonperspektive das Häusermeer, die Gassen und Plätze zeigten.

Vor dem Ersten Weltkrieg grassierte in der Stadt ein regelrechtes Flugfieber. Ballonfahrten des 1901 gegründeten Sächsischen Vereins für Luftschiffahrt erzeugten Massenaufläufe. Als erste deutsche Frau erwarb die aus Dresden stammende Amélie Hedwig Beese 1911 in Berlin-Johannisthal ihren Pilotenschein. Im Oktober 1913 eröffnete auf Kaditzer Flur der für damalige Verhältnisse riesige Flugplatz den Betrieb. Nach Presseberichten brachten die Sturzflüge des Franzosen Pegoud am 31. Oktober 1913 „die halbe Stadt auf die Beine". Ab August 1925 wurde zwischen den Johannstädter Elbufern und Hamburg-Altona die erste Wasserflugzeuglinie Deutschlands betrieben. Schließlich absolvierte 1958 das erste deutsche Strahlenverkehrsflugzeug seinen Jungfernflug vom Dresdner Flughafen in Klotzsche ...

Weithin bekannt ist, daß sowohl die Entwicklung der Fotografie als auch die Kameraproduktion in unserer Stadt eine lange Tradition haben. So ist es auch nicht verwunderlich, daß die Schönheit Dresdens und die Möglichkeiten der Luftfahrt in den vergangenen 150 Jahren das Schaffen zahlreicher Fotografen inspirierten. Ein bitterer Umstand, der eben auch mit dem Flugwesen verbunden war, erhöht unser Interesse an deren Werk: Der größte konventionelle Bombenangriff der Menschheitsgeschichte am 13. Februar 1945. „Denn die Stadt Dresden gibt es nicht mehr. Sie ist, bis auf einige Reste, vom Erdboden verschwunden. Jahrhunderte hatten ihre unvergleichliche Schönheit geschaffen. Ein paar Stunden genügten, um sie vom Erdboden fortzuhexen" schrieb Erich Kästner nach dem Zweiten Weltkrieg.

Nein, es war dem englischen Bomberchef Harris nicht gelungen, Dresden von der Landkarte verschwinden zu lassen. Obwohl er sich damit brüstete. Doch kein Ereignis zuvor, kein Krieg, Stadtbrand, keine Revolution haben sich in Dresdens Stadtgesicht nur annähernd dramatisch eingegraben wie jener Faschingstag 1945.

Die Nachkriegsjahrzehnte brachten der Stadt nicht allein eine neue Architektur. Im Unterschied zu den Jahrhunderten zuvor änderte sich auch der Stadtgrundriß grundlegend. Der Name Dresdens machte die Stadtplaner kühn. Eine besondere, eine moderne Stadt sollte entstehen, was mitnichten eine DDR-Marotte war: Die Ideen der Bauhaus- und Gartenstadtbewegung forderten eine weitläufige, offene Bebauungsstruktur. Aus Nordamerika schwappten die Anforderungen der Massenmotorisierung in Gestalt breiter, autobahnähnlicher Verkehrstrassen herüber. Während im Westen das Privateigentum an Boden viele Vorschläge der Stadtplaner verhinderte, in Dresden konnten sie verwirklicht werden.

Selbstverständlich kamen zu diesen Leitlinien des Städtebaus der fünfziger und sechziger Jahre noch einige sowjetische Grundsätze: Eine Aufmarschstraße entstand in Gestalt der zentralen Ernst-Thälmann-Straße (Wilsdruffer Straße). Der Altmarkt wurde zum Aufmarschplatz. Dresdner Ignoranz vereitelte glücklicherweise ein vielgeschossiges Kulturhaus im Zuckerbäckerstil, welches die berühmte Silhouette wohl arg gestört hätte. Ein Glücksfall, denn keine Stadt dieser Größenordnung in West und Ost hatte sich in den Nachkriegsjahrzehnten Hochhäusern widersetzen können. Das vielbeschworene Salz in der Suppe stellen im heutigen Stadtbild wiederaufgebaute historische Gebäude dar. Gemessen an der überwältigenden Denkmalsubstanz im alten Dresden, mögen es wenige sein. Angesichts der Tatsache, daß die Altstadt 1945 flächendeckend in Ruinen lag, kein einziges nennenswertes Gebäude unzerstört blieb, bleibt Respekt für die Leistungen der Trümmerfrauen und Bauleute in der Nachkriegsära.

Die Luftbilder des alten Dresden vermitteln einen bestechenden Eindruck einstiger Schönheit. Die meisten Fotografien stammen aus den zwanziger Jahren, als die Flugzeuge „mit einer Durchschnittsreisegeschwindigkeit von 150 - 170 km durch die Luft jagten", wie es in einem zeitgenössischen Prospekt hieß. Orientierungshilfen geben in der inneren Stadt die historischen Gebäude - Zwinger, Schloß, Frauenkirche, Rathaus – sowie der Elbstrom mit seinen breiten Auen. Möge die architektonische und städtebauliche Qualität Alt-Dresdens uns heutigen Bewohnern Stolz vermitteln. Sie sollte aber auch Einwohnern, Bauherren und Politikern dieser Tage die Haltung unserer Großväter nahelegen: In Dresden zu investieren, heißt, für Dresden zu bauen!

Foto Seite 4/5: Das Luftbild von 1931 in Richtung Osten zeigt die Altstadt und die östlichen Vororte Dresdens. Der breite Talkessel, der Elbstrom mit seinen Brücken, das historische Zentrum im Vordergrund sowie die Höhen der Borsberges im Hintergrund erleichtern dem Betrachter den Überblick. Charakteristisch für das alte Zentrum war die Kompaktheit der Bebauung. Gut zu erkennen sind in der Bildmitte die Anlage des Zwingers mit Zwingerteich, die Bauwerke am Theaterplatz und die Frauenkirche. Rechts der Altmarkt mit Kreuzkirche und Rathaus. Dahinter erstreckt sich am Bildrand der weite Große Garten mit dem Ausstellungsgelände; sichtbar ist das Dresdner Kugelhaus.

Foto oben: Schrägaufnahme aus dem Jahre 1932 vom Ostragehege über die Altstadt nach Osten. Im Vordergrund das Stadion des 1898 gegründeten Dresdner Sportclubs (DSC) sowie der pseudoorientalische Industriebau der Zigarettenfabrik „Yenidze" aus dem Jahr 1909. Hinter den Bahnanlagen ziehen sich längs der Elbe die Speichergebäude hin. Der historische Kern der Viehweider Gemeinde um den Schützenplatz – er trug bis Mitte des 19. Jahrhunderts noch den Namen Viehweide – befindet sich ganz rechts im Bild. Amtlich gehörte die Siedlung seit 1835 zur Wilsdruffer Vorstadt. Die Lage der einstigen Stadtbefestigung ist im Bereich des Zwingers durch die Bäume gut erkennbar. Sie markiert die Grenze zwischen den Vorstädten und der eigentlichen Stadt. Letztere ist in der Bildmitte mit ihren vielen Türmen gut auszumachen. Im Hintergrund verliert sich der Blick in den ausgedehnten östlichen Vororten. Erkennbar sind der Reicker Gasometer und die Strehlener Christuskirche.

Foto links: Der Blick über die Altstadt nach Nordwesten zeigt im Vordergrund den Gebäudekomplex des Neuen Rathauses. Dem 1904 bis 1910 erbauten, weitläufigen Gebäudekomplex fiel seinerzeit ein ganzer Stadtteil mit historischen Gebäuden zum Opfer. Der Grünzug vor dem Rathaus markiert den Glacisbereich an Stelle der Anfang des 19. Jahrhunderts niedergelegten Wallanlagen. Rechts davon machten sie einer Bebauung Platz, hinter der das Gewandhaus erkennbar ist. Die diagonale König-Johann-Straße (heute Wilsdruffer Straße) im Vordergrund rechts war 1885 als 30 Meter breiter Durchbruch zwischen dem Altmarkt (Bildmitte) und dem Pirnaischen Platz (außerhalb des Fotos) entstanden. Der zunehmende Verkehr hatte schon damals eine Ost-Westverbindung dringlich erfordert. Benannt wurde sie nach König Johann, der Sachsen von 1854 bis 1873 regierte. Der Straßenzug setzte sich jenseits des Altmarktes als Wilsdruffer Straße bis zum Postplatz fort. Im Oberen Bildbereich befinden sich das Postamt, die Sophienkirche und der Zwinger.

Foto oben: Eine andere Ansicht des Stadtkerns in Richtung Nordwesten zeigt im Vordergrund links den Gebäudekomplex zweier Volksschulen, ganz links ist die neogotische Kreuzschule zu erahnen. Rechts führt die heute aus dem Stadtplan verschwundene Johann-Georgen-Allee in das Bild. Der Pirnaische Platz markiert sich rechts durch den 1897 errichteten pompösen neobarocken Kaiserpalast, dahinter das Polizeipräsidium, die Kunstakademie und die Frauenkirche. Links liegen das Neue Rathaus und das markante Kupferdach der Kreuzkirche. Hinter den historischen Bauten um Zwinger und Schloß verliert sich der Blick im Elbbogen des Ostrageheges und in den Höhen der Lößnitz.

Foto Seite 10/11: Dieses Foto aus dem Jahr 1925 zeigt in der Art eines wunderschönen Bilderbuches den Kern des bürgerlichen Dresdens um den Neumarkt. Die kleinteilige Dachlandschaft über der kompakten Bebauung war seit dem Mittelalter gewachsen. Die Zerstörung dieses Ensembles aus Bürgerhäusern ist wohl der schwerste städtebauliche und architektonische Verlust des Zweiten Weltkriegs.
Der diagonale Straßenzug links im Vordergrund ist die König-Johann-Straße. In dem Bankgebäude nahe dem Altmarkt wurden bis 1941 die Hauptversammlungen der Dresdner Bank abgehalten, die allerdings schon zur Jahrhundertwende ihren Sitz nach Berlin verlegt hatte. Ganz rechts sind im Vordergrund die Höfe des Polizeipräsidiums auszumachen. In der Bildmitte befinden sich der Neumarkt mit der Frauenkirche und dem Johanneum, dahinter die Brühlsche Terrasse und der Theaterplatz.

Das Hauptwerk des bürgerlichen Dresdens, die 95 Meter hohe Frauenkirche, entstand an Stelle der mittelalterlichen Pfarrkirche 1726 bis 1743 nach Plänen des Ratsbaumeisters George Bähr. Sie gilt als der größte barocke Sakralbau Deutschlands. Von der begehbaren Laterne blickte der junge Goethe auf die im siebenjährigen Krieg von den Preußen zerschossene Stadt. Die steinerne Kuppel der protestantischen Frauenkirche hatte einen Durchmesser von 23,5 Metern. Knapp ein Jahrhundert vor der Entdeckung der Vektorrechnung durch Newton hatte Bähr die aus statischen Gründen notwendigen Versteifungen zwischen äußerer und innerer Kuppel „aus dem Bauch“ heraus zentimetergenau angeordnet.

Das Quartier links im Bild ist heute ein Parkplatz. An der Stelle der vielen kleinen Bürgerhäuser rechts oben befindet sich seit 1990 der massige Baukörper des Hotels Dresden Hilton. Dahinter liegen das neobarocke Sekundogenitur (rechts), das Ständehaus (Mitte) und das Johanneum mit dem Stallhof (links).

Die Aufnahme aus dem Jahr 1925 präsentiert im Vordergrund den Altmarkt in seiner historischen Ausdehnung von 130 x 100 Metern. 1370 erstmals erwähnt, gilt er als die älteste Platzanlage der Stadt. In der Mitte ist das 1880 aufgestellte Siegesdenkmal erkennbar. Die Marmorfigur der Germania wurde 1949 abgetragen. Der Sockel des Denkmals ist noch heute im Pflaster auszumachen. Bis 1953 stand die Kreuzkirche außerhalb der Platzfront des beim Neuaufbau stark vergrößerten Platzes. Weil städtebaulich unbefriedigend, wird die abermalige Verkleinerung des Altmarktes nach der Jahrtausendwende vollzogen. Auch die Kreuzkirche wird damit wieder ihre Position außerhalb des Platzes erhalten.

Diagonal durch das Bild führt die König-Johann-Straße zum Pirnaischen Platz (oben rechts). Davor ist auf der linken Seite die Gartenfront des seinerzeit weiter von der Straße entfernten Landhauses zu erkennen. In der Bildmitte befindet sich links der Neumarkt, darüber die massigen Baukörper des Polizeipräsidiums und des Albertinums.

Foto links oben: Blick von Osten über das 1930 errichtete Hygienemuseum auf die vieltürmige Altstadt.

Foto links unten: Im Vordergrund links ist die östliche Altstadt mit dem Neuen Rathaus zu sehen. Gut erkennbar ist der Ring im Verlauf der früheren Stadtbefestigung, dahinter schließt sich die Pirnaische Vorstadt an.

Foto oben: Blick vom Rathausturm über die Dachlandschaft der Altstadt, über Schloß und Hofkirche nach Nordwesten.

Foto Seite 16/17: Die Luftbildschrägaufnahme nach Nordnordwest zeigt im Vordergrund die östliche Altstadt zwischen Postplatz und Altmarkt. Die erste Quergasse zwischen Wallstraße und Marktplatz ist die Webergasse, von den Dresdnern „Freßgasse" genannt. Nördlich schließen sich die heute überbaute Scheffel- und die Wilsdruffer Straße an. In der Bildmitte zwischen Theaterplatz und Neumarkt befinden sich die repräsentativen höfischen und sakralen Bauten der einstigen Residenzstadt.

Foto links: Der Postplatz entstand 1811 nach Abbruch des Wilsdruffer Tores und hieß daher noch bis 1865 Wilsdruffer Platz. Mit der Kriegszerstörung verlor er sein einstiges Gesicht völlig. Einzig die Wartehalle der Straßenbahn, die „Käseglocke", überdauerte die Zeiten. Doch auch sie erhielt ihren Platz erst, als der Cholerabrunnen im Jahr 1927 aus verkehrstechnischen Gründen zur Sophienkirche versetzt worden war. Bis zum Abbruch in den sechziger Jahren befanden sich in den Flachbauten im Vordergrund links die Gaststätten Gambrinus und der Theaterkartenverkauf „Lorz". In dem sich Richtung Zwinger anschließenden Gebäude des Palasthotels Weber gab es eine HO-Gaststätte.
Das Gebäude rechts im Vordergrund entstand 1832 als Postgebäude. 1912 wurde es vergrößert und zum Telegrafenamt umgebaut. 1945 brannte das Bauwerk aus und wurde 1952 abgebrochen. Das mitten auf dem Postplatz stehende „Adamsche Haus" aus dem Jahr 1744 hatte bereits Canaletto auf seinen Gemälden verewigt. 1866 wurde es zur Gaststätte „Stadtwaldschlößchen" umgebaut. Berühmt war es für seine Küche und die volkstümlichen Konzerte. Oben links der Zwinger, in der Mitte die Sophienkirche, dahinter das Taschenbergpalais.

Foto oben: Die Aufnahme aus dem Jahr 1932 zeigt im Vordergrund das 1903 entstandene Hauptpostamt. Das Gebäude erhielt zum Postplatz (oben) eine repräsentative Fassade mit gebrochener Ecke. Erhalten blieb der innere Querflügel, der bis heute von der Post genutzt wird.

Der Zwinger als ein Höhepunkt des europäischen Barocks war von bedeutenden Bauwerken unterschiedlichster architektonischer Stilrichtung umgeben: Im Vordergrund links ist die Sophienkirche zu sehen, der bedeutendste gotische Bau des alten Dresden. Nach der Kriegszerstörung 1945 war der von zahlreichen Protesten begleitete Abbruch ihrer Ruine 1962/63 der wohl schmerzlichste Einzelverlust an denkmalwerter Bausubstanz. Ganz vorn der Komplex des barocken Taschenbergpalais, rechts das Residenzschloß mit Renaissance- und Neo-

renaissanceelementen. Zwischen Zwinger und Schloß befindet sich Schinkels klassizistische Altstädter Wache. Jenseits des Theaterplatzes steht die berühmte Semperoper, zur Elbe hin flankiert vom spätklassizistischen Hotel Bellevue. Letzteres wurde 1945 zerstört und 1950 abgetragen. 1985 entstand auf Neustädter Seite ein Nachfolgebau. Rechts im Hintergrund ist ein 1931 im Stil der neuen Sachlichkeit für das Landesfinanzamt und die Hauptzollverwaltung errichtetes viergeschossiges Verwaltungsgebäude zu erkennen, das heute vom Landtag genutzt wird.

Foto oben: Blick über die Wilsdruffer Vorstadt nach Nordwesten. Genau in der Bildmitte erhob sich am Wettiner Platz der 80 Meter hohe Turm der 1901 fertiggestellten neoromanischen Jakobikirche. Links davon recken sich die Schornsteine des Kraftwerkes Mitte in die Höhe. Seit der Errichtung als „neues Lichtwerk" (1895) wurde es ständig ausgebaut und war bis 1994 in Betrieb. Dahinter liegen die Bahnanlagen mit dem Wettiner Bahnhof (Bahnhof Mitte). Der Eisenbahnring entstand 1852 zur Verbindung der fünf dezentralen Personenbahnhöfe. Die Viadukte einschließlich der Dresdner Bahnhöfe gehen auf das umfangreichste Dresdner Verkehrsbauprogramm zwischen 1890 und 1901 zurück. Ein Gleisdreieck im Vordergrund bindet die alte Bahnstrecke nach Berlin an den Ring an, dahinter links die Friedrichstadt sowie das grüne Ostragehege.

Foto Seite 24: 1851 wurde die Prager Straße als Verbindung zwischen der inneren Altstadt und dem Böhmischen Bahnhof durch noch locker bebaute Quartiere der Seevorstadt gebrochen. Angesichts der günstigen Lage nahm der Straßenzug – im Bild diagonal von unten nach oben rechts führend – eine rasche Entwicklung. Längs der 14 bis 17 Meter breiten Magistrale siedelten sich bis zur Jahrhundertwende bekannte Hotels, Theater, Cafés, Juweliere und Bekleidungsgeschäfte an. Anfang des 20. Jahrhunderts war die offene Struktur längst einer kompakten Bebauung gewichen. Jenseits des Rings schuf die Seestraße die Verbindung zum Altmarkt (oben rechts).

Foto oben: Älteren Datums, jedoch auch künstlich angelegt, sind die Straßenzüge der inneren Neustadt. Nach dem Stadtbrand von 1685 plante Wolf Caspar von Klengel den Stadtteil zur barocken „Neuen Königsstadt" um. Die Straßen richtete er auf repräsentative königliche Gebäude aus, z. B. die Königsstraße auf das Japanische Palais (unten rechts). Oben links liegt der Albertplatz. In die klassizistische Rundplatzanlage münden sternförmig zwölf Straßen. In der Bildmitte befindet sich die Dreikönigskirche. Hinter dem Sakralbau verläuft als Hauptachse der barocken Neustadt die Hauptstraße.

Foto Seite 26/27: Der Albertplatz entstand ab 1817 nach Entwürfen Gottlob Friedrich Thormeyers. Voraus ging die Schleifung der Festungsanlagen und der Abbruch des Bautzener Tores im Jahr 1811. Villen und eine Baumeinfassung prägten das Gesicht des 1871 nach Kronprinz Albert benannten Bautzner Platzes. Die beiden runden Brunnen „Stille Wasser" und „Stürmische Wogen" zieren die Anlage seit 1894. Der Albertplatz galt im 19. Jahrhundert als einer der schönsten deutschen Plätze. Oben am Platz ist das Alberttheater erkennbar, daneben rechts die Villa des Küchenfabrikanten Eschebach. Auf dem Foto von 1924 fehlt noch das 1929 als Bankgebäude im Bauhausstil errichtete Hochhaus an der Ecke Königsbrücker- / Antonstraße.
Rechts unten befindet sich in dem Segment zwischen der Königsstraße und der Hauptstraße die Dreikönigskirche, in der Verlängerung zur Albertstraße die Markthalle. Dahinter liegt das Archiv.

Die Dreikönigskirche weist eine „bewegte" Geschichte auf: Die 1403 genannte gotische Kirche brannte beim großen Stadtbrand 1685 ab und wurde ab 1688 durch einen dreischiffigen Sakralbau ersetzt. Doch der Neubau befand sich mitten auf der vorgesehenen Hauptstraße und stand somit der geplanten Barockstadt im Wege. Auf Weisung August des Starken mußte die recht junge Dreikönigskirche 1731 abgebrochen werden. Auf Kosten des Landesherren entstand ab 1732 der Nachfolgebau an heutiger Position. Er ist ein Gemeinschaftswerk der berühmten Architekten Matthäus Daniel Pöppelmann und George Bähr. Erst 1857 fügte Karl Moritz Haehnel den markanten, 87,5 Meter hohen Turm hinzu.

In der linken Bildmitte erheben sich die beiden Türme der am Ende der Hauptstraße stehenden Katholischen Pfarrkirche Franciscus Xaverius. Der einschiffige Bau im neoromanischen Stil brannte 1945 aus und wurde 1957 abgebrochen.

Die Aufnahme aus dem Jahr 1924 zeigt die westlichen Teile der inneren Neustadt. Vorn links sind noch die verwinkelten Höfe der Barockstadt erkennbar. Bei der diagonalen Straße im Vordergrund handelte es sich um die Kasernenstraße. Der seinerzeit in den Neustädter Markt mündende Straßenzug stammte aus dem Mittelalter und hieß ursprünglich Breite Gasse. Er wurde bei der Neugestaltung in den siebziger Jahren des 20. Jahrhunderts aufgelassen. Der Zweckbau des Archives (Bildmitte links) wurde im Jahr 1915 eröffnet und vereint sächsische Dokumente seit dem 10. Jahrhundert. Nach Unesco-Bewertung gehört der Fundus zu den einhundert größten Archiven der Welt. Im Hintergrund der durchgrünte Glacisbereich und die gründerzeitlichen Erweiterungen der Neustadt.

Foto oben links: Der Albertplatz mit Blick in die Königsbrücker Straße im Jahr 1932. Zu dieser Zeit führte der Straßenverkehr noch direkt über den Platz. Deutlich sind die beiden Brunnen von Robert Diez zu sehen. In der Bildmitte links steht das 1929 erbaute erste Dresdner Hochhaus. Gegenüber markieren prächtige Jugendstilfassaden die Nordfront des Platzes, davor ist der Artesische Brunnen erkennbar.
Vorn rechts im Bild befindet sich das Alberttheater, 1873 von Bernhard Schreiber im Neorenaissancestil erbaut. Das repräsentative Dreirangtheater wurde bis nach der Jahrhundertwende als Königliches Schauspielhaus genutzt. Nach Eröffnung des Großen Hauses am Postplatz als Hoftheater 1912 betrieb eine Aktiengesellschaft das Alberttheater und bot progressive und volkstümliche Stücke.
Zwischen der Königsbrücker und der Alaunstraße (rechts diagonal aus dem Bild führend) sieht man die Werksanlagen des von dem erfolgreichen Fabrikanten Ottomar Heinsius von Mayenburg gegründeten Leo-Werkes. Hier wurde die erste Zahnpasta der Welt, Chlorodont, produziert.

Foto oben rechts: Blick auf die innere Neustadt Richtung Norden. Ganz vorn das Gebäude des Finanzministeriums, ein in seiner Massigkeit gegen Dresdner Bautradition verstoßender Zweckbau aus dem Jahr 1894. Rechts der Carolaplatz mit der nach Norden führenden Albertstraße. Der seinerzeit modernste Zirkusbau Europas im Vordergrund wurde 1912 mit großem Erfolg durch Hans Stosch-Sarrasani

eröffnet. Ungeachtet der Beliebtheit des Zirkusses bei den Dresdnern, hielt die gute alte Zeit nicht immer, was ihr Name versprach. Bereits 1914 kam Sarrasani in Schwierigkeiten und bot das Gebäude der Stadt als Stadthalle zum Kauf an. Neben den Zirkusaufführungen wurde das Bauwerk zwischen den Weltkriegen für Varieté-Vorstellungen und Sportveranstaltungen verpachtet, auch zahlreiche Arbeiter-Kundgebungen fanden hier statt. Hinter dem Zirkus ist der langgezogene Komplex der Ritterakademie im alten Kasernenbezirk zu erkennen. Das auch Palais Wackerbarth – nach einem erfolgreichen Militär und Bauplaner unter August dem Starken – genannte Gebäude entstand 1726. In der oberen Bildmitte steht an der Hauptstraße die Dreikönigskirche.

Foto Seite 32/33: Ein anderer Blickwinkel zeigt den Neustädter Markt in der inneren Neustadt Richtung Osten. In der Kriegsaufnahme des Jahres 1943 war das Standbild des Goldenen Reiters als Schutz vor Bombardements bereits auslagert. Am Eingang der Hauptstraße stand das Neustädter Rathaus, gekrönt von einem Dachreiter. Vis-à-vis am Brückenkopf der Augustusbrücke befindet sich das Blockhaus und, ein Stück vorgeschoben, Hofnarr Joseph Fröhlichs Narrenhäusel von 1755. Neben dem Finanzministerium ist rechts im Mittelgrund der Jägerhof erkennbar. Rechtwinklig neben dem heutigen Überrest stand von der ursprünglich vierflügeligen Anlage bis 1945 noch ein zweiter Flügel zur Asterstraße (Köpckestraße). Links daneben befand sich der Zirkus Sarrasani. Dem Elbbogen folgend schließt sich das monumentale Gebäude der Staatskanzlei an.

Tapeten

Foto links oben: Die Aufnahme vom Turm der Dreikönigskirche aus dem Jahr 1923 zeigt im Vordergrund die Dachlandschaft der barocken inneren Neustadt. Links der Neustädter Markt mit dem Blockhaus – dessen Dachgeschoß war eine Zugabe des 19. Jahrhunderts und entfiel beim Wiederaufbau 1982. Die rechte Platzfront des Neustädter Marktes wurde von dem Neustädter Rathaus dominiert. Nach der Kriegszerstörung und Sprengung der Ruine 1950 blieben nur die Kellergewölbe, die 1979 in einen Weinkeller umgebaut wurden. Im Hintergrund die Altstadt mit der Semperoper (rechts), der Sempergalerie am Zwinger, den Türmen der Sophienkirche, dem Schloß, der Hofkirche, dem Georgentor sowie dem Ständehaus.

Foto links unten: Blick auf die Wilsdruffer Vorstadt mit dem Wettiner Platz im Vordergrund. Auf dem Platz steht die Jakobikirche, rechts befindet sich das Kraftwerk Mitte. Links oben ist der Herzogin-Garten, wohl die älteste Gartenanlage der Stadt von 1591, zu sehen.

Foto oben: Die Schrägaufnahme von 1924 zeigt im Vordergrund die Ostraallee. Sie führt zu den Bahnanlagen und der Tabakfabrik „Yenidze". Im Hintergrund erstreckt sich in einem Elbbogen das sogenannte Ostragehege. Ursprünglich befand sich dort das 1206 genannte Dorf Ostra. Kurfürst August löste es 1568 auf, um Platz für das Ostravorwerk zur Versorgung von Hof und Festung zu schaffen. Die Bauern erhielten als Ersatz Ländereien in Leubnitz-Neuostra und Zschertnitz. Nach Einrichtung eines Tiergeheges wurde der elbnahe Bereich „Ostragehege" genannt. Das Vorwerk verlor durch Ausbreitung der Großstadt und der Industrie zunehmend an Fläche und wurde 1917 geschlossen.

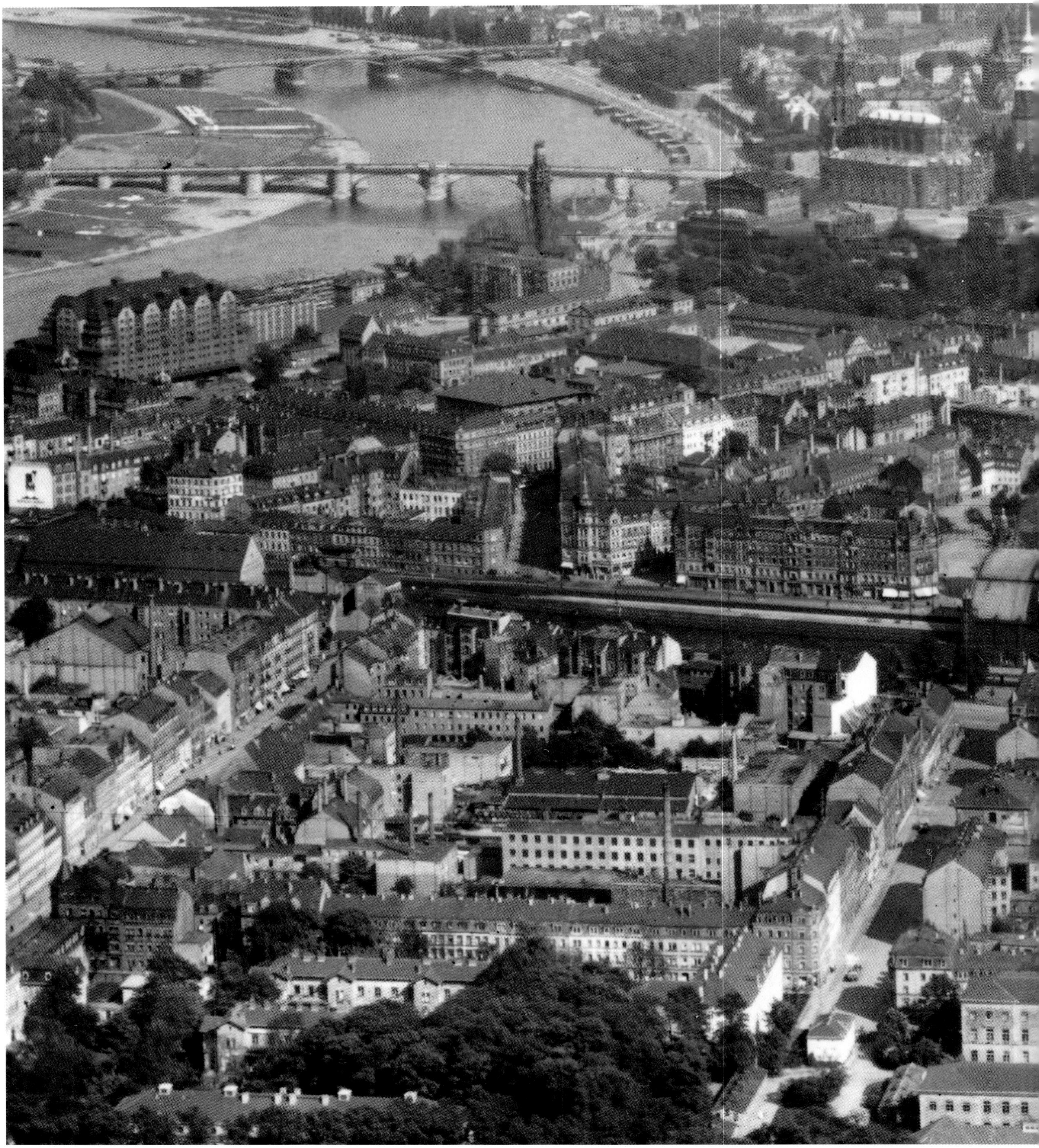

Der linkselbische Stadtteil Friedrichstadt wurde 1670 als Vorstadt Ostra angelegt. Kurfürst Johann Georg II. wollte hier eine Handwerkersiedlung entstehen lassen. Die seit 1730 nach Kurprinz Friedrich August II., Sohn August des Starken, benannte Friedrichstadt wurde jedoch durch die Dresdner Innungen in ihrer Entwicklung gehemmt. Im Vordergrund links liegt das in seinem Ursprung auf das Jahr 1719 zurückgehende Marcolinipalais. Seit 1849 wird es als Krankenhaus genutzt. Die dichtbebauten Quartiere der Friedrichstadt mit ihren Gebäuden aus dem 18. bis frühen 20. Jahrhundert boten für Dresdner Verhältnisse sehr schlechte Wohnbedingungen. Der Stadtteil hatte daher einen schlechten Ruf.

In der Mitte schneiden die Bahnanlagen das Bild. Erkennbar ist die markante Hallenkonstruktion des Wettiner Bahnhofes, rechts davon die 1895 eröffnete Großmarkthalle. Die 9.500 Quadratmeter große Halle entstand zum Teil im Bereich des einstigen Flußbettes der Weißeritz. Seit der Zerstörung 1945 ist die Markthalle ihres Turmes zur Schäferstraße beraubt. Hinter den Bahnanlagen breiten sich die Wilsdruffer Vorstadt und die vieltürmige historische Altstadt aus.

ENIDZE
CIGARETTEN
FABRIK
YENIDZ
INH.
HUGO ZIETZ
G.m. b.H.
ATA

1878 erklärte Dresden die Friedrichstadt zum Fabrikbezirk. Nach schweren Überschwemmungen 1890 führten die Stadt und der Staat ein umfangreiches Bauprogramm durch. Die Weißeritzmündung wurde elbabwärts nach Cotta verlegt. Nur der Name der Straße im Vordergrund – Weißeritzstraße – erinnert noch an das alte Flußbett. Längs des einstigen Weißeritzverlaufes entstanden in der Folge die Großmarkthalle, der Wettiner Bahnhof (Bahnhof Mitte) und die Eisenbahnviadukte. Ferner wurde um die Jahrhundertwende in der Friedrichstadt der Elbhafen ausgehoben – die Erdmassen fanden Verwendung bei der Errichtung des imposanten Rollbergs für den Verschiebebahnhof – und es wurden die Eisenbahnwerkstätten, der Schlachthof sowie die Hafenmühle gebaut.

Um die Jahrhundertwende galt Dresden mit einer Vielzahl von Unternehmen als wichtigster deutscher Standort der Tabakindustrie. Die Zigarettenfabrik „Yenidze" gründete Hugo Zietz 1886. 1908/09 ließ er durch Martin Hammitzsch einen Industriebau in Gestalt einer Moschee errichten. Das abgebildete Bauwerk gilt als das größte deutsche Gebäude im islamischen Stil. Der Schornstein rechts der Kuppel erinnert in seiner Ausführung als Minarett an Dresdner Bestimmungen, nach denen Fabrikschornsteine im Stadtbild verpönt waren. So werbewirksam wie der orientalische Bau auch war, galt er als städtebaulicher Frevel in der Barockstadt Dresden. Architekt Hammitzsch wurde seinetwegen sogar aus der Reichsarchitektenkammer ausgeschlossen. Noch Fritz Löffler empfand das Gebäude als einen unglücklichen Fremdkörper.

Die Straße vor dem Gebäude war zu DDR-Zeiten als Fernverkehrsstraße Nummer 6 klassifiziert. Die Abkürzung „f6" wurde für eine Zigarettenmarke übernommen, die bis heute führend in den neuen Bundesländern ist.

Blick von der inneren Altstadt über die Pirnaische Vorstadt nach Südosten. Im Vordergrund steht der massige Baukörper des Polizeipräsidiums von 1900. Vorn links ist die Schaufassade des Kurländer Palais zu sehen. Ganz im Gegensatz zum Polizeipräsidium zeichnet sich die Rokoko-Fassade durch eine meisterhafte Beschränkung der gestalterischen Mittel aus. Der im Mittelteil das Bild querende Moritz-Ring verband die Carolabrücke mit dem Pirnaischen Platz (rechts). Den Kopfbau zur Platzfront bildet der imposante neobarocke Kaiserpalast von 1897. Er beheimatete ein beliebtes Restaurant und wurde auch von einer Bank genutzt.

In der Bildmitte ragen beiderseits der Stübelallee zwei Türme in die Höhe: links die Kirche des Ehrlichschen Gestifts, rechts die Kuppel des Ausstellungspalastes am Großen Garten. Zwei weitere Dominanten in den östlichen Vorstädten sind weiter rechts zu erkennen: der mächtige Speicher des Gaswerkes Reick und die beiden schmalen Türme der Christuskirche in Strehlen. Ganz im Hintergrund sind die Tafelberge der Sächsischen Schweiz auszumachen.

Foto oben: Blick über das Gelände der II. Internationalen Hygieneausstellung im Jahr 1930. Links das zu diesem Anlaß fertiggestellte Hygienemuseum. Das Ausstellungsgelände selbst war auf Anregung des 6. Deutschen Turnfestes 1885 im Jahre 1896 eingeweiht worden. Im Vordergrund das berühmte Dresdner Kugelhaus, im Rahmen der Ausstellung „Die Technische Stadt" 1928 von Peter Birkenholz als Experimentalbau errichtet. Das „erste Kugelhaus der Welt" war 30 Meter hoch, der Kugeldurchmesser betrug 24 Meter. 1938 wurde das von den Nationalsozialisten als undeutsch bezeichnete Ausstellungsgebäude zu Rüstungszwecken verschrottet.

Foto rechts: Der Große Garten entstand seit 1676 für den Kurprinzen Johann Georg III. an Stelle der Felder Strehlener, Grunaer und Striesener Bauern. Die ursprüngliche Fläche umfaßte lediglich das Terrain rings um das frühbarocke Palais von 1683 (Vordergrund). Nach und nach wurde der Park ausgedehnt. Er erhielt eine Kreuzform längs der Hauptallee (Achse im Bild) und der Querallee. Bis ins späte 19. Jahrhundert wurde seine Fläche auf das heutige Rechteck von 200 Hektar ausgedehnt. Das Deutsche Hygienemuseum mit seinem kubischen Mittelbau wurde 1930 in der Verlängerung der Hauptachse des Großen Gartens fertiggestellt.

Foto Seite 44/45: Blick vom Johannstädter Sachsenplatz über den innerstädtischen Elbbogen nach Westen. Die im Vordergrund sichtbare Blockrandbebauung prägte seinerzeit das Bild der inneren Stadtteile. Sie verschaffte – verglichen mit den mehrfach überbauten Hinterhöfen der Gründerzeit in den übrigen deutschen Großstädten – den Bürgern recht gute Lebensbedingungen. Der Sachsenplatz galt seinerzeit als schönste Dresdner Platzanlage der Gründerzeit. Auf seiner Nordostseite entstand am Brückenkopf der Albertbrücke (Vordergrund rechts) 1882 die dreiflügelige Jägerkaserne für das aus Meißen kommende Jägerbataillon.

Das beliebteste Dresdner Volksfest, die Vogelwiese, weist eine mehr als fünfhundertjährige Tradition auf. Das zur Erhaltung der Wehrfähigkeit im Bereich des östlichen Stadtgrabens (Schießgasse) veranstaltete städtische Pfingstschießen wurde bereits 1440 genannt. Echte Volksbelustigung versprachen hingegen die seit dem 16. Jahrhundert auf Anregung des Kurfürsten abgehaltenen Landesschießen. Sie fanden östlich der damaligen Stadt in Elbnähe statt. Ein aus zahlreichen Teilen bestehender buntbemalter Vogel mußte von Bogenschützen getroffen werden. Ab 1700 fungierte die Bogenschützengesellschaft als Veranstalter. Um 1800 gehörten bereits Puppenspieler, Schaukeln, Glücksspiele und Karussells zu den Attraktionen der Vogelwiese, die seit 1874 auf den Johannstädter Elbwiesen abgehalten wurde. Das traditionsreiche Volksfest spielte in der ersten Hälfte des 20. Jahrhunderts (im Bild der Neubeginn im August 1920 nach sechsjähriger Kriegspause) eine wesentlich größe-

re Rolle als in der Gegenwart. Die Zeitungen berichteten täglich in großer Aufmachung über die Veranstaltungen, die Straßenbahn setzte einen Sonderfahrplan in Kraft. Bis zu 60.000 Besucher sollen sich gleichzeitig in und um die achthundert Buden, Zelte und sonstigen Belustigungen auf einer Fläche von elf Hektar aufgehalten haben. Große Ausschankzelte konnten gleichzeitig bis zu 6.000 Gäste beherbergen. Nach dem Krieg wurden im Bereich der Vogelwiese Trümmer abgeladen. Das Volksfest fand zunächst am Neustädter Elbufer, später im Zoologischen Garten und ab 1953 regelmäßig am Fucikplatz (Straßburger Platz) statt. Erst 1991 kehrte die Vogelwiese wieder an den angestammten Ort an der Elbe zurück.

Luisenhof

Foto links oben: Blick auf den Loschwitzer Hang mit der 1901 errichteten Schwebebahn. Im Vordergrund links die Grundstraße mit einer Straßenbahnumsetzstelle der Linien 1 und 2, in der Mitte die Loschwitzer Kirche George Bährs von 1708. Rechts neben der Bergstation der Schwebebahn befand sich das bekannte Restaurant „Loschwitzhöhe" mit einem ausgezeichneten Blick auf die Stadt.

Foto links unten: Das wegen seiner exponierten Lage auch „Balkon Dresdens" genannte Restaurant „Luisenhof" befindet sich an der Bergstation der Standseilbahn (beide 1895 eröffnet). Benannt wurde das Lokal nach Luise von Toskana, der beliebten und skandalträchtigen Ehefrau des letzten sächsischen Königs Friedrich August III. Die Kronprinzessin verließ Mann und Residenz im Dezember 1902. Rechts vom „Luisenhof" befindet sich die 1898 errichtete Villa San Remo. Der Legende nach soll ein englischer Spion von dort aus den Angriff auf Dresden im Februar 1945 gelenkt haben.

Foto oben: Blick über die hochgelegenen Villen von Loschwitz – im Sprachgebrauch bereits dem Weißen Hirsch zugerechnet – Richtung Westen auf das Elbtal. Im Vordergrund das Restaurant „Luisenhof". Am Hang rechts sind die drei Dresdner Elbschlösser auszumachen.

Foto Seite 50/51: Die Ansicht vom Loschwitzer Burgberg aus dem Jahr 1939 zeigt die alten Fachwerkhäuser am Eingang der Grundstraße, dahinter liegt die Loschwitzer Kirche. Am Hang links ist die stählerne Konstruktion der Schwebebahn zu sehen. Darunter hindurch führt der Veilchenweg. In den zahlreichen Villen längs des Straßenzuges wohnten und wohnen bekannte Dresdner. Im Hintergrund erstrecken sich das Elbtal und die linkselbischen Höhen zwischen Erzgebirge und Sächsischer Schweiz.

HILLER-GARTEN.
LLER-GARTEN
Spatenbräu

Foto links: Der nach der Augustusbrücke berühmteste Dresdner Brückenschlag über die Elbe ist wohl die Loschwitzer Elbbrücke, allgemein „Blaues Wunder“ genannt. Im Bild die feierliche Einweihung am 15. Juli 1893 nach nur zweijähriger Bauzeit. Von Beginn an – bis zum 10. April 1986 – verkehrte die elektrische Straßenbahn über die Brücke. Erst 1935 wurden die beidseitigen Gehwege hinzugefügt. Gleichfalls fehlt im Bild von 1893 das Gebäude der berühmten Konditorei Toskana, während der Schillergarten und die 1860 entstandene Villa Marie bereits den linkselbischen Blasewitzer Brückenkopf säumten.
Das „Blaue Wunder“ hat eine Spannweite von 141,5 Metern und gehört damit zu den ersten strompfeilerfreien Brücken. Technisch handelt es sich um keine Hängebrücke, wie der Volksmund meint, sondern um eine sogenannte Stahlfachwerkbrücke. Das Werk der Ingenieure Hans Manfred Krüger und Claus Köpcke trägt seinen Beinamen dennoch nicht wegen seiner technischen Meisterleistung. Vielmehr soll sich der grünliche Schutzanstrich nach kurzer Zeit in eine blaue Farbe verwandelt haben. Ein Wunder auch, daß die von der SS beabsichtigte Sprengung aller Dresdner Elbbrücken am 8. Mai 1945 durch den mutigen Einsatz zweier Dresdner hier scheiterte.

Foto Seite 54/55: Der Blick auf den Stadtteil Striesen der zwanziger Jahre offenbart eine städtebauliche Qualität der Bebauung, um die Dresden von vielen Städten beneidet wird. Im Hintergrund die Johannstadt, rechts Blasewitz. Für den 1350 als Stresen erwähnten Stadtteil Striesen legte bereits 1860 ein Bebauungsplan die offene Bebauung mit drei- bis viergeschossigen Häusern fest. Der so für Dresden entstandene Bautyp des Würfelhauses, Kaffeemühle genannt, entsprach weit mehr einer Stadtvilla als jene zahllosen Verballhornungen dieser Bezeichnung in der Gegenwart.
In vergleichbaren deutschen Großstädten wurden nach 1870 selbst großbürgerliche Bauten geschlossen mit Überbauung der Innenhöfe realisiert. Die offene Bebauung umgab ringförmig die inneren Stadtgebiete Dresdens. Im Fall von Striesen war die Bevölkerung kleinbürgerlich, im ähnlich gestalteten Löbtau erfreuten sich Arbeiter dieser hohen Lebensqualität.

Im Bild eine Teilansicht des Stadtteils Striesen mit seiner offenen Bebauung. Links ist die 1899 von den Freimaurern an der Eisenacher Straße errichtete Realschule (Scharnhorst-Oberschule) zu sehen. Zu dem Komplex gehörten fünf Gebäude, die einen Hof umschlossen. Der dominierende Baukörper ist das Internatsgebäude, dessen Fassade Elemente der Gotik und Renaissance vereinigt. 1945 fand hier zunächst die

Landesbibliothek und später die Kreuzschule ihre Heimat. 1978 mußte das Lehrerhaus einer Turnhalle weichen.
Als Vorläuferin der Freimaurerschule entstand 1772 in der Institutsgasse der Friedrichstadt zunächst eine Armenschule. Diese entwickelte sich über eine Knabenerziehungsanstalt zur höheren Bildungsstätte. Zu deren Schülern gehörten u.a. Ferdinand von Rayski und Andreas Schubert.

D-2264

Foto Seite 58/59: Luftbildschrägaufnahme von 1928 auf die Dornblüth- und Glasewaldstraße in Dresden-Striesen.

Foto links oben: Blick auf Schloß Pillnitz mit einem Sportflugzeug im Vordergrund. Im Hintergrund befinden sich der bewaldete Borsberg und der Vorort Graupa.

Foto links unten: Der Stadtteil Strehlen mit der 1905 im Jugendstil erbauten Christuskirche. Im Vordergrund die Teplitzer Straße, rechts die Siedlung der Eisenbahnerbaugenossenschaft aus den Jahren 1922-24.

Foto oben: Zu Beginn des 20. Jahrhunderts plante Martin Dülfer für die rasch wachsende Technische Hochschule im Süden der Stadt eine Hochschulstadt, von der neben den chemischen Instituten nur der Beyer-Bau mit seinem markanten Observatoriumsturm verwirklicht wurde (Vordergrund links). Im Hintergrund rechts die Lukaskirche von 1903.

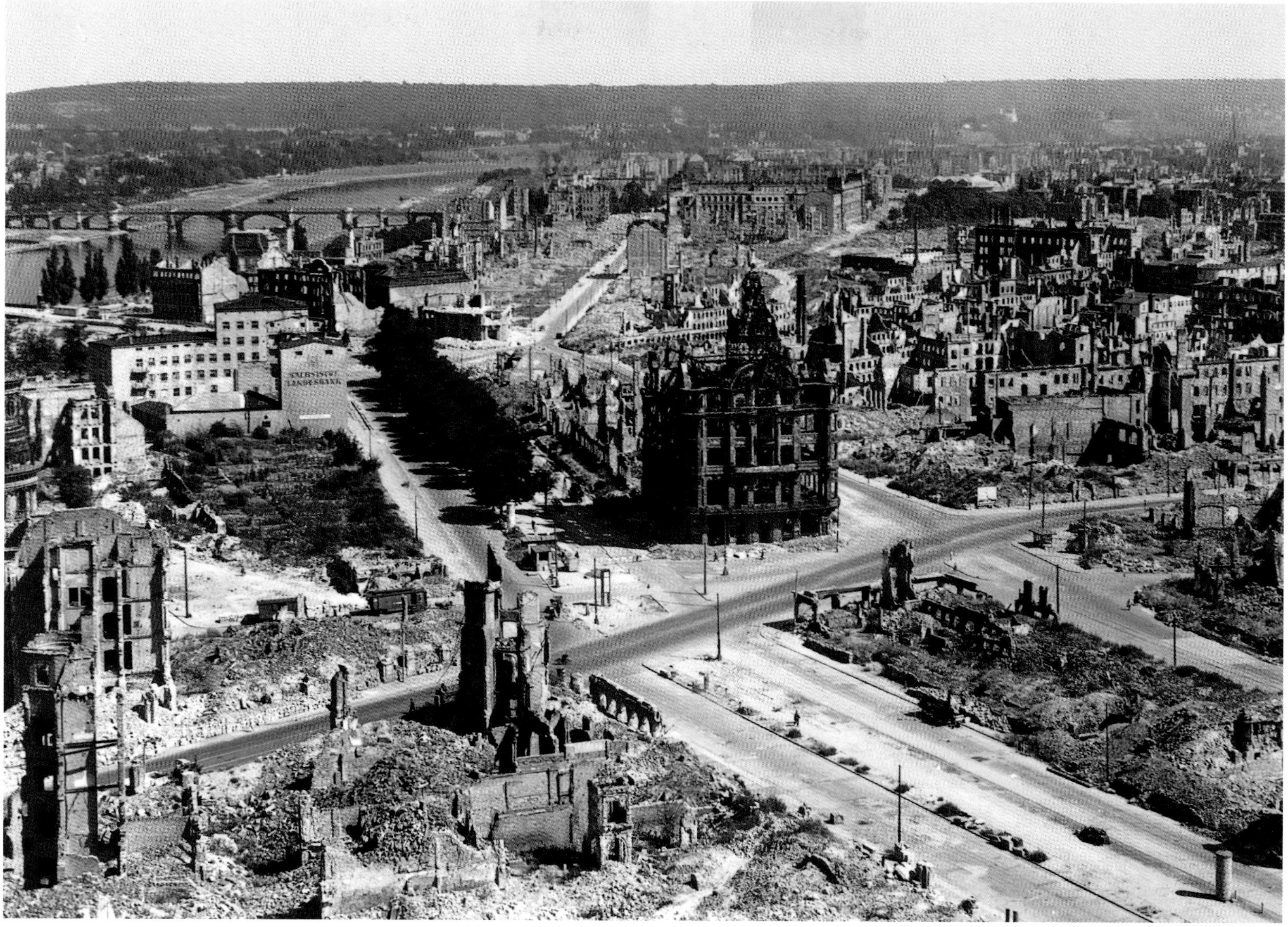

Foto links: Blick auf die Wohnbebauung um die Nürnberger und Bayreuther Straße. Auch dieses Wohnviertel war durch eine offene Bebauung und eine hohe städtebauliche Qualität gekennzeichnet. Es herrschten Einzel- und Gruppenhäuser mit herrschaftlichen Großwohnungen vor. Die Grundlage für den Stadtteil in dem bis dahin kaum besiedelten Terrain bildete ein Bebauungsplan von 1899, der auch die 30 Meter breite Nürnberger Straße festsetzte.

Die im Zweiten Weltkrieg zerstörte Zionskirche gilt als der letzte bedeutende Dresdner Kirchenbau vor dem Weltkrieg und wurde 1912 eingeweiht. Den modernen Rundbau charakterisierte seinerzeit ein über dem 18 Meter hohen Schiff auf 60 Meter Höhe aufstrebender Turm, der von einem fünfeinhalb Meter hohen vergoldeten Kreuz gekrönt wurde. Der Gemeinderaum der Zionskirche war nicht, wie traditionell üblich, vom Chor getrennt. Altar und Geistlichkeit sollten sich in der Mitte der Gemeinde befinden, die durch eine 1912 erfolgte Abspaltung der Lukasgemeinde entstand.

Dresdens Glanz, geschaffen von fleißigen Händen über mehr als sieben Jahrhunderte, wurde in zwei Nächten des 20. Jahrhunderts vernichtet. Die Geschichte wird es als das Säkulum der Kriege bezeichnen.

Foto oben: Die Aufnahme vom Rathausturm aus dem Jahr 1949 zeigt im Vordergrund den Pirnaischen Platz mit dem auch als Ruine noch imposanten Kaiserpalast. Ganz links ist der Eckturm des Polizeipräsidiums zu sehen. Es gilt als einziges nennenswertes Gebäude der Innenstadt, welches den Angriff englischer und amerikanischer Bomber am 13. Februar 1945 überstand. Darüber die in Teilen erhaltene Hauptstelle der Reichsbank von 1930. Im Hintergrund die stellenweise bereits von Trümmern geräumten Wohnviertel der Pirnaischen Vorstadt und der Johannstadt.